学前教育专业系列教材·美术

手 工 HANDWORK

陈静黎 李全华 编著

ZHEJIANG UNIVERSITY PRESS
浙江大学出版社

图书在版编目（CIP）数据

手工 / 陈静黎，李全华编著. -- 杭州 ： 浙江大学
出版社，2021.1
ISBN 978-7-308-20288-6

Ⅰ. ①手… Ⅱ. ①陈… ②李… Ⅲ. ①学前教育－手
工课－幼儿师范学校－教材 Ⅳ. ①G613.6

中国版本图书馆CIP数据核字(2020)第102507号

手 工

陈静黎　李全华　编著

组稿策划	黄宝忠
责任编辑	朱　辉
责任校对	马一萍
装帧设计	李　莉
出版发行	浙江大学出版社
	（杭州市天目山路148号　邮政编码 310007）
	（网址：http://www.zjupress.com）
印　　刷	杭州高腾印务有限公司
开　　本	787mm×1092mm　1/16
印　　张	9.25
字　　数	161千
书　　号	ISBN 978-7-308-20288-6
定　　价	52.00 元

随着时代的进步和我国教育改革的深化，艺术与艺术教育日益受到人们的重视。现代人普遍意识到，奥妙无穷的艺术世界，无论是对于个体人生经验的丰富，还是对于其崇高心灵和蓬勃精神的构建，都具有决定性的意义。然而，并非所有被称为艺术的东西都能起到这种作用，真正的艺术也并非于每一个个体都行之有效。艺术的欣赏、创造与接受，乃是一种高级的文化素养，需要通过健康的艺术教育来获得。健康的艺术教育不是单纯的技能教育，而是一个启发智慧的复杂工程。它既需要技法的教育，又需要从美学、艺术社会学、艺术心理学等学科中获取知识与素养。因此，包括美学、艺术创作、艺术欣赏、艺术批评在内的诸多因素，便成为艺术教育的关键。这些关键，也正是20世纪60年代以来出现的综合性艺术教育思潮的核心与精髓。随着这股思潮的日益壮大，艺术教育逐渐发展成为一种综合式的教育，不仅本身成为一门多元交叉学科，同时也注重艺术精神向其他学科的渗透。

20世纪90年代末期，我国启动基础教育改革，这股综合艺术教育思潮也随之影响到我国的中小学普通艺术教育和高等院校的教师教育。中小学普通艺术教育在原有"音乐""美术"课程的基础上新设"艺术"课程，高等院校的师范类艺术教育在原有音乐教育专业、美术教育专业的基础上新设"综合艺术教育专业"。在此大背景下，有着五十多年艺术教育传统的浙江师范大学杭州幼儿师范学院设立了旨在培养高素质复合型艺术教育人才的综合艺术教育专业。该专业以生态式综合艺术教育思想为理论指导，以发展学生的人文素养与艺术综合能力为目标，下设音乐、美术两个方向，要求学生扎实地学习人文社科知识，系统地掌握音乐、舞蹈、美术等艺术基本理论知识，具备较高的音乐、舞蹈或美术技能以及扎实的艺术教育技能，最终成为能够胜任学前教育、基础教育、特殊教育学校或机构之儿童综合艺术教育的教师或社会工作者。这种教育理念和教育思路，即是我们前面所谈及的健康的艺术教育。

在多年的办学过程中，浙师大杭幼师学院的领导以及儿童艺术教育系全体教师全力以赴，主动开展教育教学研究，积极通过合理配置师资、深化教学改革、加强教材建设等措施来提高专业的教育质量。由浙江大学出版社大力推出的学前教育专业系列教材，便是该院儿童艺术教育系全体教师坚持不懈地进行专业建设的成果。

该套教材涉及美术、音乐、舞蹈、戏剧等多个艺术门类，以及艺术欣赏、艺术创作等多个当今艺术教育的关键因素，较好地体现了艺术教育的健康性、人文性和综合性。整套教材将艺术教育理论与实践紧密结合，较好地凸显了儿童艺术教育的独特性，既适合学前教育专业学生使用，又具有艺术教育专业特色。最后，我衷心希望，该套教材的出版，能为艺术教育的宏伟大业添砖加瓦！

滕守尧　南京师范大学教育科学学院特聘教授
博士生导师
中华美学学会顾问

● 序二

为健全人格的塑造奠定基础是早期教育的基本目标，生态式综合艺术教育是实现这一目标的重要途径。它以美术、音乐、舞蹈、戏剧等多种艺术学科的整合为载体，使儿童充分感受到艺术与生活、情感、文化、科学诸方面的内在关联，以激发儿童的审美情趣，提高其审美能力，增强其人文艺术修养，从而培养具有健康生活态度、具有丰富情感体验，并有深刻思想领悟的全面发展的新人。从教学方式看，生态式艺术教育强调师生间的互动与对话，倡导教师创设丰富而开放的艺术课堂，鼓励学生进行广泛而深入的探究性学习。生态式艺术教育超越了单纯的艺术技能训练，整合了美术、音乐、舞蹈、戏剧、文学等艺术形式中共同的审美要素，通过知、情、意心理系统的通感、迁移等机制实现真、善、美的和谐人格统一。

正是基于这样的认识，浙江师范大学杭州幼儿师范学院于2005年在国家高等学校本科专业目录之外，成功申请到艺术教育（儿童综合艺术教育）本科专业。该专业的专家论证得到了我国著名美育专家、国家基础教育艺术课程标准首席科学家滕守尧教授的支持，也得到了南京师范大学学前教育国家重点学科负责人、著名儿童艺术教育专家屠美如教授等的指导。

本系列教材包括《素描》《装饰色彩》《人物》《动物》《国画》《幼儿园环境创设》《儿童读物插图艺术》《美术鉴赏》《手工》《钢琴基础》《声乐基础》《基础乐理与视唱》《幼儿园实用音乐》《儿童歌曲伴奏》《儿童舞蹈》《民族民间舞》《舞蹈形体训练基础》《幼儿舞蹈训练与幼儿舞蹈创编》《幼儿文学作品导引》等。教材的编写以生态式综合艺术教育思想为理论指导，以提高学生的人文素养与艺术综合能力为目标，是儿童艺术教育专业的核心教材。本系列教材的编写由浙江师范大学杭州幼儿师范学院李全华教授与李成教授具体组织实施，是学院相关教师团队通力合作的结晶。参加系列教材编写的都是从事普通高校艺术教育多年的教师，既有丰富的课堂教学经验，也有较为深厚的艺术修养。在编写教材的过程中，教师们注意到了内容的循序渐进，内容选择和编排的专业性、科学性，特别是中小学、幼儿园儿童艺术教育实践的适切性要求。本系列教材既适合学前教育专业使用，也适合艺术教育及其他艺术类专业相关课程选择使用。

本系列教材从构思策划开始，一直得到浙江省教育厅高等教育处、师范处（现为教师工作处）领导的关心和支持，得到浙江师范大学教务处领导的支持，得到杭州幼儿师范学院"十一五"教学改革工程项目的资助，特别是得到著名美育专家滕守尧教授的悉心指导，在此表示深深的谢意！

由于水平有限，再加上国内还没有系统的儿童艺术教育教材作参照，因此，书中的不足和缺陷在所难免，希望得到各位专家学者和同人的批评指正。

秦金亮　教育部高等学校教育学类专业教学指导委员会委员
　　　　教育部高等学校幼儿园教师培养教学指导委员会副主任委员
　　　　中国学前教育研究会副理事长
　　　　浙江师范大学杭州幼儿师范学院国际儿童研究院院长
　　　　博士、教授、博士生导师

美术活动在幼儿园教学环节中具有十分重要的地位，因此，美术教学是学前教育专业中不可或缺的一门学科。我们根据历年来幼儿师范院校美术教学的实践经验，编写了这套学前教育专业美术教材。本套教材密切结合专业培养目标和特点，力求提高学生的艺术素养及审美能力，以强化未来幼儿园教师职前基本技能训练为目标。教材力图在知识上求广、技能上求实、内容上求新、方法上求活，建立符合学前教育专业教学规律的美术教材新体系。具体表现在以下几个方面：

一、力求强化学前教育专业的美术基础课程

强化的基础课程包括素描（侧重造型因素、结构和空间透视，把解决形的问题放在首要位置）、装饰色彩（装饰色彩的基础知识和基本规律，色彩的表现技法以及配色能力）、人物、动物等，使学生掌握一定的造型能力，为以后的美术应用课程打下良好的基础。

二、加大应用课程的力度

在学生掌握一定的造型基本功后，加强更具实用性的应用课程训练，如培养配色的能力、画面的构图组合能力、色彩表现技法的运用能力、手工的操作能力，学习粉彩画、纸版画、彩墨画、沥粉画、综合剪贴、纸浮雕等。这些训练，使学生能触类旁通、举一反三，从而培养学生的综合运用能力。

三、开设故事插图创编课程

使学生学习欣赏、评析儿童读物插图，掌握儿童读物插图特有的造型特点和构图形式。在参考有关资料的基础上，鼓励学生大胆想象，根据特定故事内容进行造型设定和构图组合，完成故事创编。培养学生构思、构图、配色等综合能力。

四、提高学生的审美能力

在每一册中都附有大量优秀的中外美术作品，使学生通过观察、欣赏、感悟，开阔审美视野，增长专业知识，培养视觉感知能力、多角度鉴赏能力、评价表述能力，树立正确的艺术观。既要使学生理解作品的主题思想，又要使学生懂得艺术表现手段的作用。

本套教材现共九册：《素描》《装饰色彩》《人物》《动物》《国画》《幼儿园环境创设》《儿童读物插图艺术》《美术鉴赏》《手工》。教材在内容编排上，由浅入深，有比较大的弹性。本套教材既可供三年制中专学生使用，也可供五年制大专学生和四年制本科学生使用。教师可以因材施教，根据学生的实际水平，选择合适的内容开展教学。

本套教材最大的特点是资料性强，教材中选择和收集了大量可作参考的国内外优秀的美术作品。这些作品既开阔了学生的视野，提高了学生的审美能力，又能用于故事创编的参考和幼儿园的墙面布置。

本套教材中使用的图片，均是从历年来授课时引用的中外优秀美术作品及教师作品、学生作品中精选出来的，由于无法在出版前与版权所有者一一联系，望谅解，在此致以衷心的感谢。

浙江师范大学杭州幼儿师范学院儿童艺术教育系

丛书 主 编	李全华
副主编	李 成
美术 编委	李全华　邵玲珠　张益文
	梁永峰　吴 怡 李 莉
	陈静黎

《手工》编著	陈静黎　李全华
版面设计	李 莉

齐静

● 概述

手工艺术是人类最早的艺术形式之一，是人类在几千年生产和生活实践中创造发明的。传统手工艺术种类丰富多彩，技艺精湛，反映了劳动人民追求美好幸福生活的愿望和健康的思想感情。随着现代科学技术和工业的发展，机械化大工业生产方式全面取代了传统手工生产方式，传统手工艺术受到极大的冲击。区别于以大工业机械化方式批量生产的工艺品，本书中讨论的手工艺术是指人们纯手工或借助工具制作的手工艺术品，它具有实用、美观的特性，是功能性与艺术性、传统性与创新性相结合的产物。

在人的成长过程中，动手能力的培养非常重要。人类的双手不仅创造了人类自己，也创造了整个世界。在艺术教育中，手工是一种培养学生创造意识、设计思维和动手制作能力的教育活动，对于促进学生的动手能力、创造力和想象力，具有十分重要的意义。手工教学即是运用手的技能和使用简单的工具，对材料进行加工的一种造型活动。它有助于培养学生观察、分析及提出问题、解决问题的能力，同时也为制作教具、玩具及布置环境提供了基本的技能、技巧和方法，更是为中国传统手工艺术的传承和发展提供了有效的途径。

手指活动能锻炼幼儿手部肌肉和关节的灵活性，在幼儿园开展手工教学能培养和发展幼儿的动手能力和造型能力，促进幼儿智能的全面发展，对幼儿审美情趣、心理素质及性格的培养也大有益处。幼儿园教师应提供符合幼儿兴趣和需求的丰富多彩的环境，通过指导幼儿学习手工制作技艺，欣赏各种手工作品，启发幼儿创造思维，鼓励幼儿大胆实践。

手工的种类很多，从造型空间上可分为平面的与立体的，从材料上可分为纸工、泥工、布艺、木工、竹工、金属制作及废旧物制作等，从用途上可分为实用性、观赏性及玩赏性等。

张娟娟

佚名

佚名

单元学习重点：

· 了解和掌握各种纸工的性能、特点
· 学习各种纸工的制作方法

纸工是以纸为材料的手工劳作。纸工的种类很多，有折纸、剪纸、刮纸画、纸浮雕、纸建筑、纸塑等，有平面的（剪纸、刮纸画等）、立体的（折纸、纸浮雕、纸建筑、纸塑等）。各种纸工之间的制作技能有很大的区别。本单元要求学生根据各种纸工的工具、性能及特点，掌握各种纸工的制作方法，用于幼儿园的手工教学和环境布置之中。

一、折纸

折纸在我国民间广为流传，深受幼儿的喜爱。折纸造型优美、生动，具有夸张、简洁、形象等特点。折纸富有变化，是一种十分有趣的艺术活动，对于开发幼儿的智力、发展幼儿手部肌肉群的灵活性等都有极大的益处。它是幼儿的一种良好的美育和技能教育活动。

1. 折纸符号

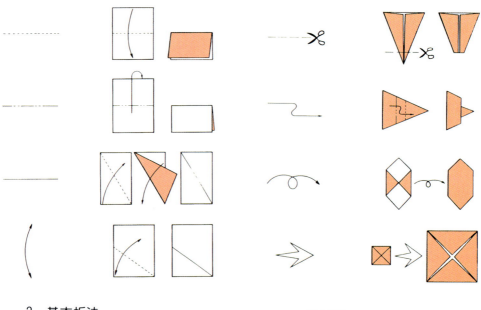

2. 基本折法

(1) 两边向中线折
①正方形相对的两边折一中心线。
②两边分别向中心线对折。
③成长方形。
实例：船、风车、图案花、象、熊

基本折法

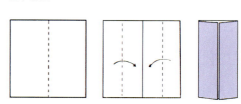

船

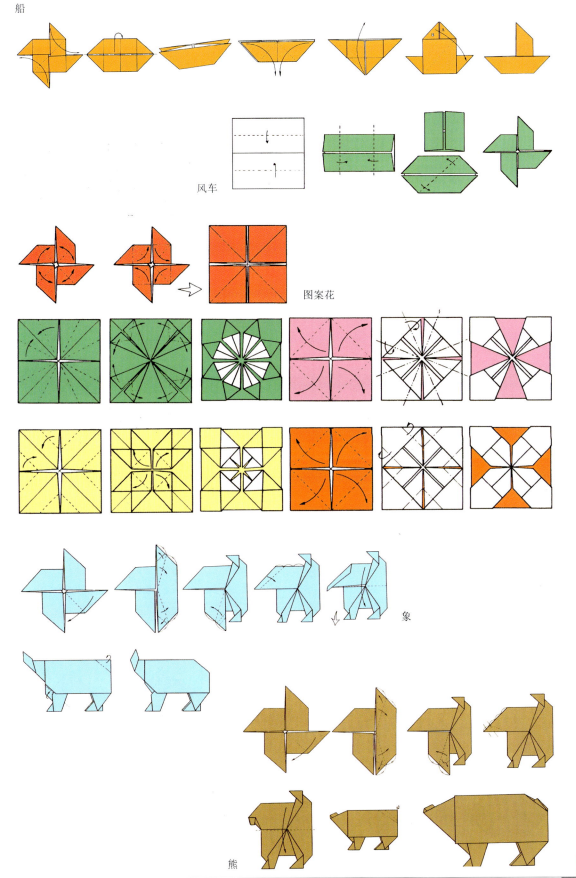

风车

图案花

象

熊

(2) 四角向中心折

①正方形对角轻轻折一虚线，另外两角也如此，折出中心点。

②四角分别向中心点折。

③成正方形。

实例：盒子、方盒、转盘、小孩提灯

基本折法

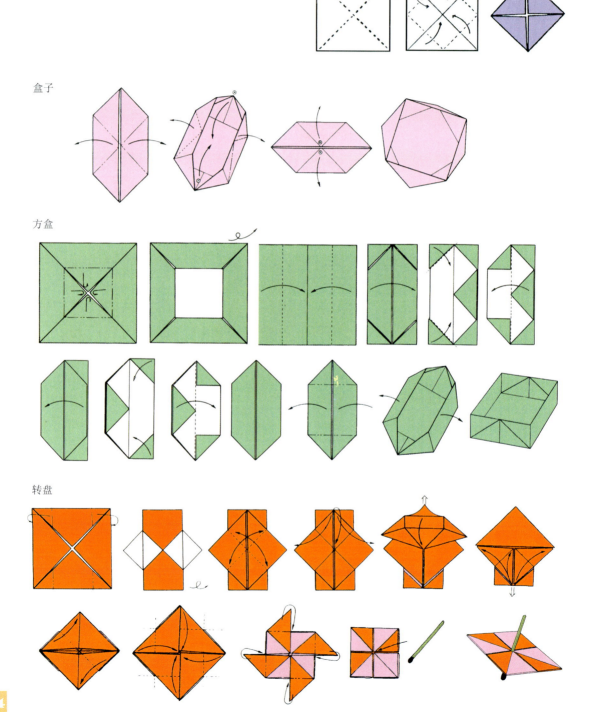

盒子

方盒

转盘

纸工

小孩提灯

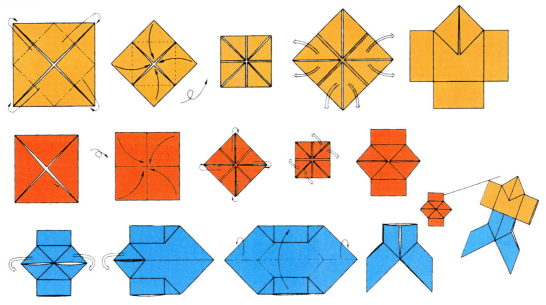

（3）集中折

①正方形相邻两边依虚线向对角线折。

②再向中心线折。

实例：会跳的鸟、鸭子、企鹅、飞机、天鹅

基本折法

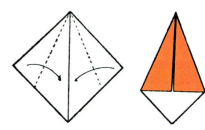

会跳的鸟

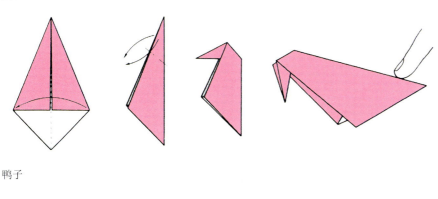

鸭子

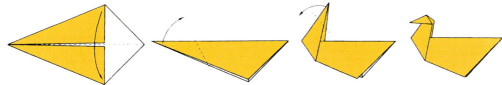

企鹅

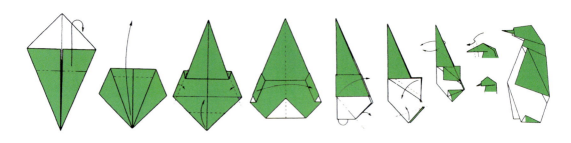

飞机

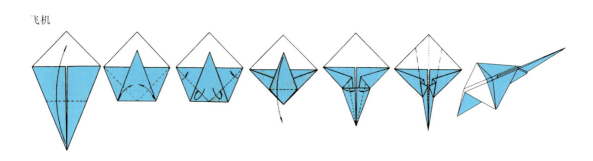

天鹅

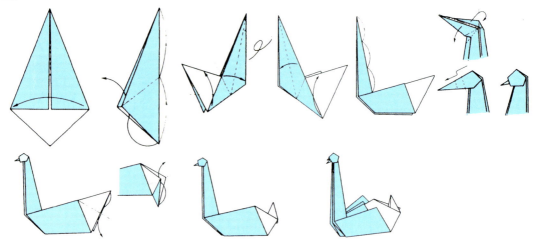

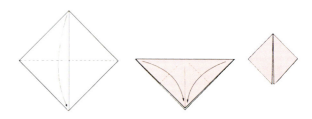

(4) 对角折
①正方形对角折。
②两角向下角折。
③成正方形。
实例：知了、鸟、帽子

基本折法

知了

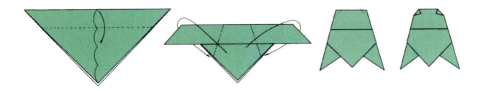

知了

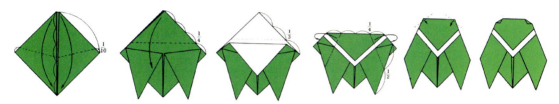

鸟

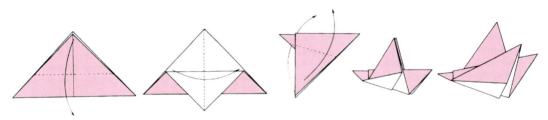

帽子

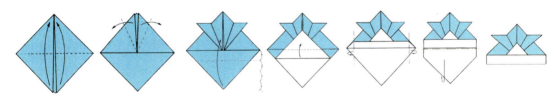

帽子

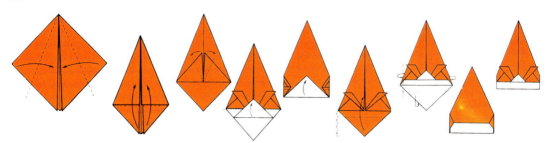

(5) 双正方形折
①正方形对边折。
②一角向前折，一角向后折。
③从中间撑开压平。
④成双正方形。
实例：牵牛花、郁金香、花束、箱子

基本折法

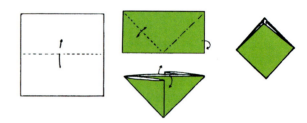

牵牛花

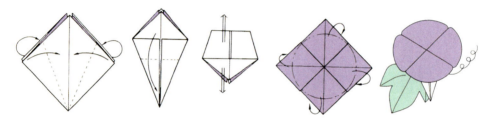

郁金香

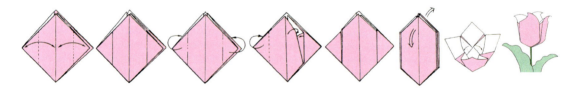

花束

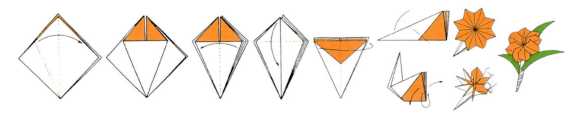

箱子

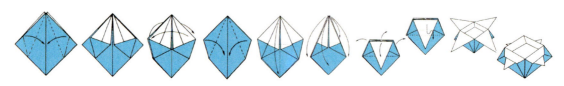

（6）双三角形折

①正方形对角折。

②依虚线一角向前折，另一角向后折。

③从中间撑开压平。

④成双三角形。

实例：蝴蝶、皮球、神仙鱼、兔子

基本折法

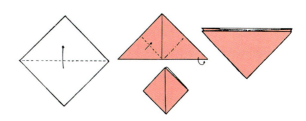

蝴蝶

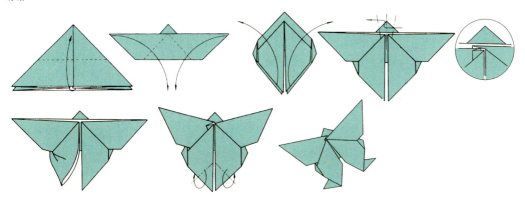

皮球

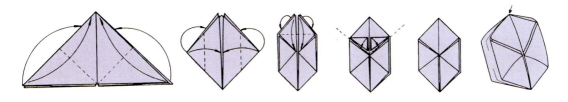

神仙鱼

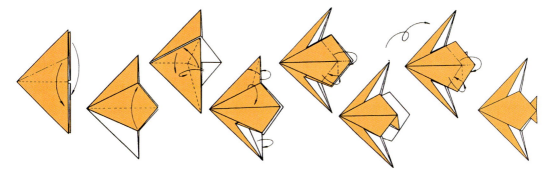

兔子

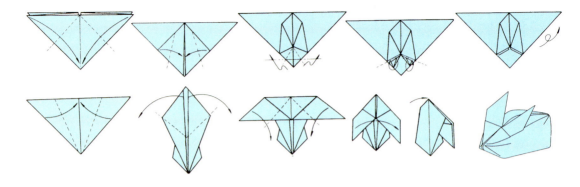

(7) 单菱形折
①正方形对角折。
②四角分别向中线折。
③把突出的一角向同一方向压平，另一边也同前。
④成单菱形。
实例：鸽子、恐龙、鱼、海豚

基本折法

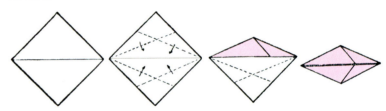

鸽子

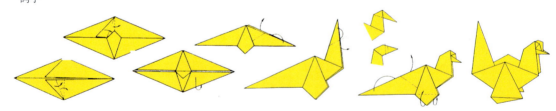

恐龙

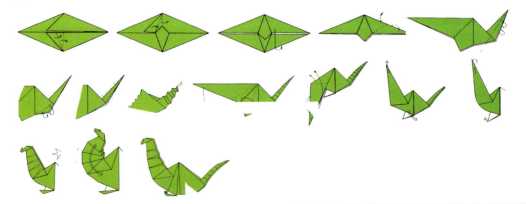

鱼

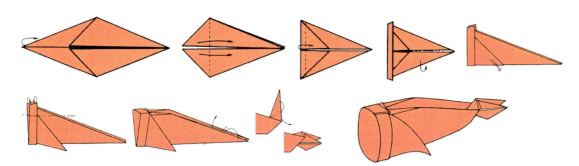

海豚

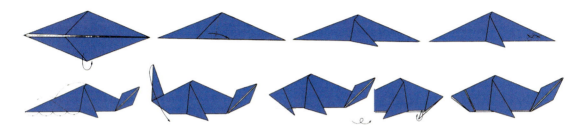

(8) 双菱形折

①正方形对边折。

②依虚线一角向前折，另一角向后折。

③从中间撑开压平。

④双正方形的面层和底层，开口两边依虚线向中线内折。

⑤把上角依虚线向下拉。

⑥成双菱形。

实例：飞鹤、鹭鸶、振翅鸟、星星、仙鹤

基本折法

飞鹤

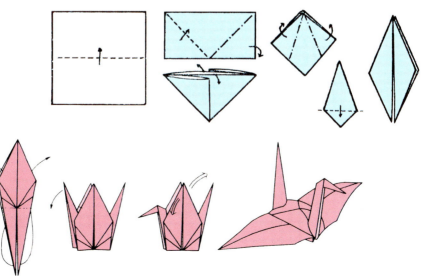

鹭鸶

振翅鸟

星星

仙鹤

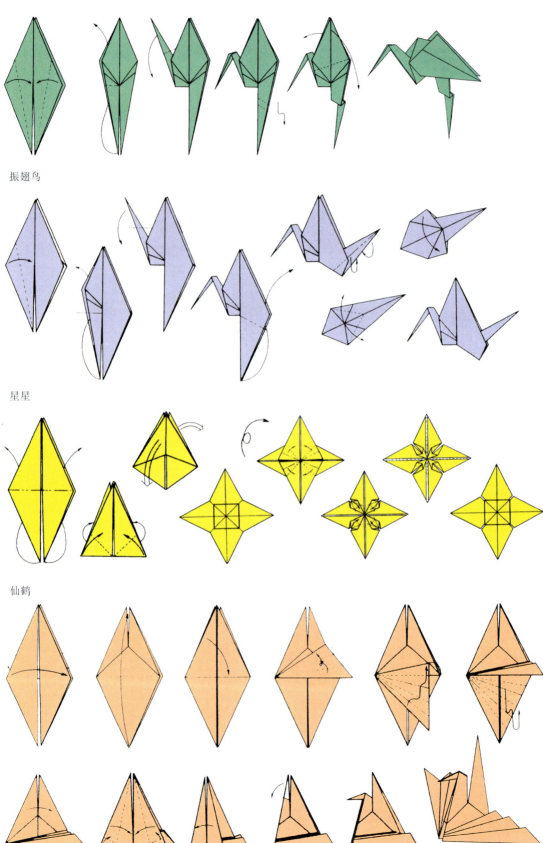

3．折纸贴画

折纸贴画主要是采用折纸加以组合成画。这是一种既简便又容易出效果的贴画，比较适合幼儿园环境布置，同时可以提高幼儿折纸能力及构图、组合能力，还可增进与幼儿的互动。

折纸贴画的材料和工具都比较简单，只需要彩色纸张和胶水即可。一幅折纸贴画首先需要确定一个主题，然后围绕主题折叠出一些生动活泼的造型，造型不宜太复杂。

4. 3D折纸

3D折纸是模块折纸的一种形式。是先将纸片折叠成一种最基本的三角单位，然后用若干个三角单位通过穿插、折叠、弯曲、移位等多种手法，组合成各种动物、人物、建筑等精美的纸雕塑。

制作三角单位的方法很多，这里介绍两种常见的方法。

基本折法1

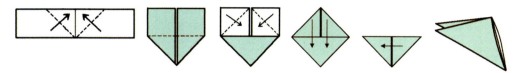

基本折法2

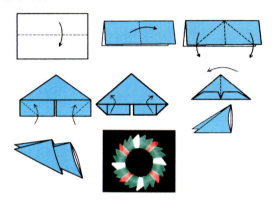
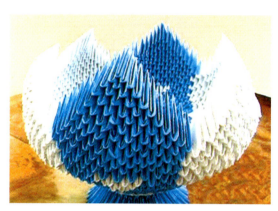

丘莲芳

马淑静

陈静宇

二、剪纸

剪纸始于民间，它是一种较为通俗的艺术形式。世界上许多国家都有剪纸，但由于各国地域环境、民族风情以及审美需求存在差异，因此，各国剪纸的用途、种类、风格和面貌也不尽相同。不过，就其制作方法和艺术特征而言，它们又有着相对的一致性。

世界剪纸基本可分为东、西两大流派。东方剪纸玲珑剔透、刻画入微、变化万千，其中以中国、日本剪纸最具代表性。

我国是发明纸的国家，从有纸以来到现在已有近两千年的历史，人们在纸上已不知剪刻出了多少精美的花样。劳动人民凭借自己的聪明才智和长期的实践，将这一艺术形式锤炼得日趋完善，形成了以剪刻、镂空为主的多种技法，使得剪纸的表现力有着无限的深度和广度。应该说，中国剪纸历史最为悠久，其题材多样、内容丰富。

《坐帐花》侯雪昭

南方剪纸 佚名

西方剪纸崇尚剪影，刻画入微，以德国、英国和法国的较为突出。剪影是剪纸的另一种表现形式，是以外轮廓和黑影来揭示物象特征和表情的。如人物形象，虽然仅仅是个影廓，不见具体五官，但却能让人意会，诱发联想，感悟到人物神情。

剪纸本是民间艺术，但随着美术家的介入和开拓，结合现代艺术创作，已上升为一种新型的美术表现形式。法国的马蒂斯既是杰出的画家，又是剪纸艺术的高手。马蒂斯的剪纸艺术追求"近真性"，他要求作品像诗一样美，像音乐一样富有节奏，从而给人舒适的享受。他用色清纯、强烈，对比和谐，他把每一个物象都视为一个色块，又把每一色块当成一个音符，然后用这些闪光、跳动的音符组成美丽的"乐章"。他赞美剪纸的"直截了当"，认为"剪刀比铅笔更敏捷"，"可两步并作一步走"。他的剪纸，为欧洲剪纸谱写了新的篇章。

《柿神、山神》佚名 墨西哥

《人舞鹿跃》冯·脱特达里希 德国

《花》马蒂斯 法国

《长城》松元利夫 日本

点染剪纸《欢乐》伯尼尔 瑞士

《花圃》佚名 波兰

《伊丽莎白》迈尔 英国

《夏夜》婉蒂 澳大利亚

《国王的悲哀》马蒂斯 法国

《葡萄神》佚名 墨西哥

民间剪纸质朴刚健，现代剪纸新颖别致，它们都有着浓郁的生活气息和强烈的时代感。

1．题材内容

（1）节日住居装饰类。包括窗花、墙花、炕围花、门笺、喜花等。多以喜庆吉祥、平安如意、人畜兴旺、祈求丰收为主要表现目的。形式上则求热闹、红火，有看头。

（2）仪礼习俗类。用于婚丧嫁娶等人生仪礼。如是喜事之用，就表示合卺美满、情投意合、子孙繁衍；如为生日寿礼，就常用"鹿鹤同春""鱼龙变化""福寿无边"等表示祝福。

（3）巫术信仰习俗类。

（4）服饰佩戴习俗类。如鞋花、枕花、衣袖花、装饰刺绣花样等。

陇中窗花《团块云子》

2．艺术特点

（1）意象造型，形象简洁、夸张。

（2）强调装饰效果，除剪影之外，一般是将单个形象轮廓内部的纹饰镂空，既体现了装饰性，又便于作为窗花时透光。

（3）万剪不断，互相连接。

陇中门花

陇中窗花《春幡、遮面》

鞋垫花样　徐桂花

《双鸟》曹佃祥

《鱼戏莲》朱光莲

《十二属相》常振芳

我国南、北方由于地域的差异，在剪纸艺术上也有很大的区别。北方的民间剪纸艺术古朴粗犷、庄重厚实、简练概括，保留了汉代深沉宏大的艺术特色；而南方的民间剪纸艺术则清新秀丽、精巧柔美、形象生动、内涵丰富。

纸工

《猫扣碗》潘常旺

《鸡》曹佃祥

《做饭》常振芳

《腰鼓手》李秀芳

《鸭子吃白菜》李秀芳

《扳旱船》常振芳

《连年有鱼》 李秀芳

《拉驴》郝桂珍

《戏龙娃》高金爱

《石榴娃娃》侯雪昭

《虎》樊小梅

《猪》李秀芳

《鬅鬠娃娃》侯雪昭

《戏猫》曹佃祥

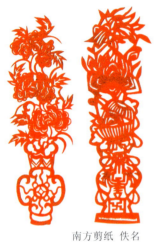

《挖苦菜》白凤兰

南方剪纸 佚名

南方剪纸 佚名

南方剪纸 佚名

南方剪纸 佚名

南方剪纸 佚名 浙江平阳

3．材料与工具

纸张，剪刀、刻刀、蜡盘等。

4．分类与技法

剪纸从艺术式样上可分为单色剪纸、套色剪纸、染色剪纸、折叠剪纸、分色剪纸、填色剪纸等。

(1) 单色剪纸。其技法有阴刻（以块面为主）、阳刻（以线条为主）两种，在造型上通常二者混用。

单色剪纸《赶驴娃娃》余泽玲

单色剪纸《狮子》张芝兰

套色剪纸 佚名

(2) 套色剪纸。通常以阳刻为主，多用深色纸或金纸作为形象骨线，然后根据需要进行套色。所套颜色要少而精，一般以三四色为宜，注意色彩的对比关系。也有在单色剪纸背后套几个不规则色块，使之别有情趣。

套色剪纸

(3) 染色剪纸。又称点色剪纸，主要以阴刻为主，保留大的块面，在上面进行彩色点染。这种方法一般都用白色生宣纸，颜色可用透明水彩颜料。点染时要把握住颜料的水分，以免向外扩散，可以多层点染，点染时用色不宜太多太花。由于在生宣纸上染色，可以出现晕化效果。

染色剪纸《鱼》蔚县

染色剪纸《戏剧人物》山西

染色剪纸《传统大花》蔚县

纸工

(4) 折叠剪纸。具有强烈的装饰性、趣味性、实用性等特点，是幼儿园美术教学和环境布置中常用的剪纸技能。

①对称折

将正方形的纸对折，画出形象的一半，剪之。

手工

对称折

②四角形、八角形折

四角形折。将正方形的纸对折、对折再对折成三角形，画上图案，剪去不要的部分即成。

八角形折。在四角形的基础上再对折，画纹样，剪刻。

四角形折

八角形折
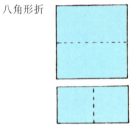

③三角形、六角形折

三角形折。将正方形的纸对折，分成三等份，折好后画纹样，剪刻。

六角形折。将剪三角形的折纸再对折，画纹样，剪刻。

三角形折

六角形折

④五角形折

将正方形的纸对折，将上边1/3处与下边中点连线，沿此线斜折，再按虚线对折，最后将左下角向后折，即可剪成五角形。

五角形折

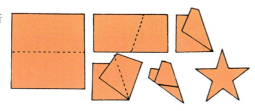  

⑤团花

用正方形的纸多次加以对折，设计一个纹样，纹样要求疏密得当，线条有粗细变化，不要剪断，使之展开即成对称的团花。

团花

⑥花边（二方连续）

将长条纸反复折叠，并在第一折上画半个或一个纹样。先剪细部后剪粗部，先内后外，过细处可用刀刻。

花边

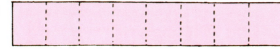

⑦拉花

用四角形折叠法折好，按图示剪之，展开即成拉花。将数张拉花相粘，中间穿线拉开即成。

拉花

⑧彩练

将长形彩色纸条对边连折数次，再用剪刀上下剪开（注意不要剪断），拉开后即成一条美丽的彩练。

彩练

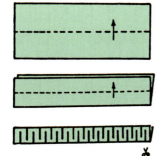 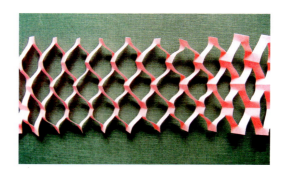

三、刮纸画

刮纸画是版画的一种表现形式，是用刻、刮、剥等方法使画面产生黑、白、灰等效果。其取材方便，制作简单，视觉效果好。刮纸画将手工和绘画结合了起来，制作中既动手又动脑，容易引起学生的兴趣，是初学版画的一种好方式。

刮纸画的技法有阴刻、阳刻，或将两者结合，其中第三种的画面效果较好，使用较多。

1．材料与工具

白卡纸、黑颜料、美工刀、针、铅笔、镊子等。

2．制作方法

(1) 用黑颜料在白卡纸上均匀地刷黑、晾干。

(2) 在薄的白纸上画好草稿，然后转印到黑色纸上（印迹要清楚、洁净）。

(3) 以刀代笔，按轮廓刻下后剥去表层，露出白底，形成黑白效果。细的部分可用针挑，或用镊子尖剥离。

徐泽文 　　　　　　　　　戴云霞

周慧 　　　　　　　　　金云

四、纸浮雕

纸浮雕是一种具有立体感、观赏性和实用性的造型艺术。纸是一种价廉、轻便，容易制作的材料，并具有高度的可塑性及多种变化的特质。它可运用各种不同的技法如折曲、切割、扭转、剪刻、撕拉及粘贴等，塑造出各种各样的形象。这些形象概括、夸张，线条简练，装饰性强。

纸浮雕题材广泛，可表现人物、动物、植物及各种抽象的艺术形象，可以制作出有欣赏价值的装饰作品，特别适合幼儿园室内的环境布置。

1．材料与工具

各色康颂纸及不同纹理、不同厚度的云纹纸、棉芯纸、木纹纸等，剪刀、刻刀、直尺、圆规、镊子、铁笔、胶水等。

2．基本技法

使一张平面的纸变成立体形态，要借助于折、卷、粘贴等方法，而这些方法又结合点、线、面的变化派生出纸造型的丰富技法，运用这些技法可使平面的纸形成各种生动的立体形态与有趣的肌理效果。

折曲，是纸造型最基本的技法。只要对一张纸本身进行折曲与切割，就可以产生立体效果。

(1) 直线折

直线折的运用

   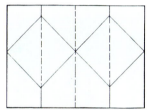

 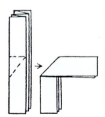 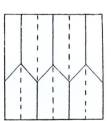

   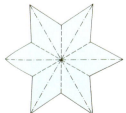

（2）曲线折

曲线折这种技法在纸造型中广泛使用。

折圆分为折同心圆、切边圆、椭圆。先用圆规画几个不同大小的圆形，剪开一条半径切口，然后再折。

在弯曲纸张时，要考虑到作品本身需要何种程度的弯曲及纸张的方向性，卷曲时才不会显得生硬。

折弧线，切折痕时力度要适宜，可用写完的圆珠笔画一条痕迹，再顺势折出山谷变化，成品才会工整美观。

在切折线时，用刀的力度要与纸张的厚度相适应，以免切断。

锥形。主要用在画面上所要表现出凸起、尖、点的部分，除了基本圆锥形外，还可变化其外形来使用。

平锥。是锥形的变化之一，将尖角变化成圆形平顶，以补角锥造型之不足。

折弧　　　　　　　　　　　　折弧

折弧　　　　　　　　　　　　折圆

折锥　　　　　　　　　　　　折平锥

折平锥　　　　　　　　　　　折平锥

(3) 组合

分粘贴与插合两种方法。

粘贴。一般用白色固体胶粘贴。在粘贴处薄薄涂一层胶，胶不宜多，涂胶后稍等片刻再粘贴。也可用胶带纸或双面胶带粘贴。

插合。利用切口互相插合。

以上介绍了纸浮雕的各种成型方法，我们应根据各种造型的需要，灵活运用。

纸浮雕，使纸从平面走向立体。要做好纸浮雕，必须先打好平面造型基础（尤其是图案基础），然后逐步锻炼立体造型能力。不能只满足于按图制作，而应多分析思考，举一反三，根据不同的造型采用不同的折法，创作出更丰富的作品。

陈晓霞

缪海婷

沈璐萍

唐婷婷

薛超

陈碧菲

林欢欢

林玲

顾芳蕾

方圆

马晓青

叶晓

王倩赟

朱令

王小雅

杨海亚

赵方菲

学前教育专业系列教材·美术

佚名   佚名

周雯雯   佚名

杨阳   佚名

五、纸建筑

用卡纸可以做成立体的建筑及其他各种物体。首先是设计图纸，然后剪刻图形，再用白胶黏合起来。制作立体模型、教具、玩具，也可做得很精细，供观赏。

六、纸塑

纸塑是一个独立的雕塑体系，有它古老的传统技法、鲜明的民族特点、独特的造型手段。纸塑材料简单易得，造型可以百变，学会基本的纸塑技能以后，每个人都可以根据自己的意愿创造性地将各种技能组合运用，再加上一些辅助材料，就能创作出各种不同的纸塑作品。纸塑通常分为干塑与湿塑两种。

1．干塑

干塑是一种运用团、拧、捏、揉等技巧，将废旧报纸形成一定的体积，然后进行拼接，使其具有具象或抽象的立体形体的艺术活动。

(1) 材料与工具

报纸、辅助材料（如瓶盖、纸张与布头边角料、吸管、包扎带、包装纸等），胶带、糨糊、颜料、剪刀、水粉笔、示意图。

(2) 基本技能

① 造型技能

揉。有抓揉成束与团揉成球两种。如制作大象的腿、树干等可以用抓揉成束的方法，制作圆球、动物的身体、头部等可以用团揉完成。

幼儿作品

撕。将基本型按照作品的需要撕分成若干部分。

捏。用捏的方法塑造作品的细致部分。

拧。用拧的方法可以形成条状，且不易散开。

② 固定技能

缠绕。完成基本型的塑造后，可以用缠绕的方法用纸胶带进行固定。

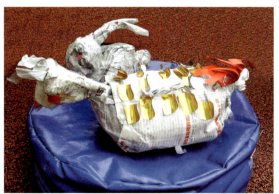

连接。在制作多部分组合作品时，需要用到连接的技能。既可以用缠绕的方法连接两个部分，也可以用粘贴的方法连接零件与主体。

裱糊。制作完作品的内坯后，还要对作品表面进行裱糊，即将刷过糨糊的报纸贴到内坯表面，将内坯完全覆盖，直到表面光滑平整、不留空隙为止。裱糊是制作面具、花瓶等的主要技法。

《大象》佚名

《鸟》高英淇

《袋鼠》佚名

《斑马》裘晨

佚名

2．实物干塑

实物干塑就是利用报纸制作仿真工艺品，它以实物为模具，可以复制一些造型较为复杂的工艺瓶罐，也可以做一些外形较简单的水果和蔬菜等。

(1) 材料与工具

根据自己的需要选择表皮硬挺不吸水的蔬果或瓶罐、废报纸，胶水、颜料、抹布等。

(2) 制作方法

① 把报纸撕碎、浸湿，然后贴在物体表层。

② 再用胶水糊三层，注意粘贴时要将纸条边缘相互重叠压紧，然后晒干。

③ 干后用刀把外壳剖开，然后拿出模具，再合拢，糊好再晒干。

④ 最后按原型颜色涂上水粉色。

3．湿塑

湿塑，又称浮雕，就是用彩色湿纸泥在KT板上塑造各种形象，形成美丽画面。因湿纸泥在画面上堆积的高低不同，可产生半立体的效果。

(1) 材料与工具

各色湿纸泥、KT板，塑刀、牙签等。

(2) 制作方法

①根据自己的创意，在KT板上轻轻地画上轮廓稿。

②将做好的各色纸浆铺放在底板上，再捏塑出理想的形状，重要的部分可以堆砌得略为高些，使其更加突显。需要注意的是，为保持画面的立体感，不要把纸浆压平，应尽量保持它本身自然的质地效果。

③细致的部分可用塑刀、牙签等辅助工具来完成，如在表面刻出细节、纹理等，使画面看起来更精致。

④图案做完后，平放在阴凉处自然风干即可。

方莹

褚亚楠

佚名

陈露

● 泥工

单元学习重点：

- 了解和掌握橡皮泥的性能、特点
- 学习泥工的技能和制作方法
- 学习幼儿陶艺的制作方法

泥工是雕塑艺术的一种，也是幼儿园手工教学中的一个重要内容。现在的泥工种类很多，有橡皮泥、陶土、软陶等。幼儿园泥工教学中，通常以橡皮泥为主要原料来塑造各种各样的形象，因为橡皮泥价廉、色彩鲜艳、黏性大且不易干裂、可塑性强、便于制作，又方便携带，容易保存，还可以反复使用，是一种理想的雕塑材料。它的缺点是遇热变软，遇冷变硬，不易捏制。不过与陶土相比，它制作时比较干净，所以深受幼儿园老师、幼儿和家长的欢迎。

泥工对于训练幼儿通过视觉、触觉、动觉之间的配合，发展幼儿手部小肌肉群动作的协调性、灵活性具有很重要的作用，同时也有利于培养幼儿的形象思维。幼儿在玩泥的过程中，可增强动手能力，发展感知力、观察力、想象力和创造力，提高审美能力。泥工是一门综合性的寓教于乐的课程。

冯琍　　　　　　　　　　　　　　　　　　佚名

一、橡皮泥

1. 材料与工具

橡皮泥，泥工刀、泥工板、镊子、火柴梗等。

2. 基本技法

团。用两只手掌将橡皮泥团成圆球状。

搓。用手掌或手指将橡皮泥搓成细条状。

捏。用拇指和食指将橡皮泥捏成各种形状。

压。用手掌把橡皮泥压扁，或用工具压成一定的形状或纹样。

揉。将橡皮泥揉匀、揉光，或是揉成一定的形状。

接。将橡皮泥不同的块状部件粘贴在一起。

插。在橡皮泥形体粘接时，为确保橡皮泥形体粘接牢固，可在内部插上火柴梗等作为支撑。

切。用工具将橡皮泥分开，或切成一定的形状。

剪。用剪刀把橡皮泥剪成需要的形状和花纹。

分泥：是指对所做形象的用泥量要有个初步的估计，做大致的分配。如要塑造一只狐狸，头部1/4，身体1/2，尾巴耳朵等1/4。

小班幼儿学习泥工制作要使其养成良好的习惯，一般要求在泥工板上操作，同时也可保持环境卫生。技法的掌握也要由浅入深、循序渐进，先学团、搓、捏、压、接等技法，随着年龄的增长和手部小肌肉群的发展，可以逐渐增加其他技法，并学会分泥。

橡皮泥的颜色不多，可以将两种颜色的橡皮泥反复揉和，变成另一种颜色。在揉和的过程中有时揉得不匀，也会产生特殊的效果。但是要注意避免对比色的揉和，这样会使颜色变灰、变脏。

何佳

3．形象的塑造

泥塑的题材，应是幼儿感兴趣的、熟悉的，形体结构要简单，形象特征要明显，塑造的技能要简易。橡皮泥在形象塑造上有两种不同的风格，一是写实，二是变形。由于幼儿造型能力的局限性和手部小肌肉群的生理缘故，幼儿的泥工作品不可能十分写实，一般都具有无意识的变形和夸张。而这无意识的变形和夸张也正是幼儿泥工的可爱之处，教师要加以鼓励和肯定，以充分发挥橡皮泥制作的随意性、生动性和装饰性，使其具有独特的情调和魅力。

在橡皮泥塑的制作过程中，还可以适当地选用如火柴梗、羽毛、豆子、树枝、塑料吸管等作为辅助材料。通过综合运用，取得一种特殊的效果，增强其造型的表现力。

吕节节

佚名

佚名

佚名

刘彦晔

黄贝贝

学前教育专业系列教材·美术

佚名

林丹

俞景

蔡晓玉

佚名

吴海珍

郭立立

二、泥工挂盘

泥工挂盘是一种具有浮雕感的泥塑，可以用来装饰和美化幼儿园教室和布置幼儿房间。它的制作主要是在团、搓的基础上，运用压的技法，以使层层相叠，如鸟的羽毛；也可以运用刻、捏等技法，创作出丰富多彩的作品。

挂盘可选用一次性纸盘或塑料盘。在塑造时要注意画面色彩的搭配和不同技法的运用，不宜做得太立体。

蔡惠惠

陈晓霞

王倩赟

陈雯骏

蔡王伟

高黎阳

吴甜甜

周雯雯

薛超

蔡燕妮

《你见过这些鸟吗》芭芭拉·里德

《你见过这些鸟吗》芭芭拉·里德

《你见过这些鸟吗》芭芭拉·里德

《你见过这些鸟吗》芭芭拉·里德

《你见过这些鸟吗》芭芭拉·里德

《你见过这些鸟吗》芭芭拉·里德　　　　　《你见过这些鸟吗》芭芭拉·里德

三、陶艺

我国的陶艺具有悠久的历史。简单的陶艺制作需要陶土、转台、拉坯机、窑炉、釉料及简单的雕塑工具。

陶艺的成型方法有手捏成型法、泥条成型法、泥板成型法、拉坯成型法及压膜成型法等。

瓶罐的制作一般用拉坯成型法。在拉的过程中可以用手将其捏变形，也可以把手捏、搓条、变形、组合等方法结合起来，以充分表现泥土的自然效果。

手捏成型法

佚名

拉坯成型法

拉坯成型法

佚名

佚名

佚名

四、幼儿陶艺

近年来，幼儿陶艺已成为幼儿泥工教学的一大热点，很多幼儿园都开展了陶艺活动。玩泥是幼儿的天性，玩泥能带给幼儿无穷的乐趣。陶艺似乎正越来越受到幼儿的欢迎和青睐。他们用力敲泥，随意揉捏、搓磨，将手中的泥巴变成了一个个有趣的形象……

幼儿作品

● 粘贴画

单元学习重点：

- 根据各种不同材料的性能、特质，学习和制作粘贴画
- 掌握综合材料粘贴画的制作方法，合理运用各种材料

  粘贴画的种类很多，本单元重点学习各种粘贴画的制作技能，了解和掌握各种材料的不同性能、特点，充分运用材料的特质进行制作。要求学生通过粘贴画的训练，并运用已学的美术知识，制作出整洁精致、鲜艳漂亮的装饰画，更好地运用于幼儿园环境创设之中。

  粘贴画是幼儿园环境创设中常见的表现形式，主要是绘画和手工两者相结合。其主要特点是整洁精致、活泼可爱、鲜艳和谐，总能给人一种清新舒畅的美感，深受幼儿喜爱。

  粘贴画要对各种材料进行创意，材料大致可分为美术纸类、纺织物布类、塑料吹塑纸类、蛋壳类、豆子类、果壳类、羽毛树叶类、金属线片类、竹木类等。粘贴画的内容可结合常规教育、爱国主义教育、科学知识教育、思想品德教育、安全教育等，也可以根据不同季节制作不同内容，还可结合节日氛围进行美化装饰。制作粘贴画，取材要经济方便，可充分利用无污染、无危险的废旧物，如挂历、画报纸、包装纸、蛋壳、沙石、布头线条等，因材施艺；画面要充满童趣，形式要活泼，形象要夸张可爱，色彩要鲜艳，也可适当变形，其中"拟人化"的手法最受幼儿欢迎。

  粘贴画的种类有布贴画、纸贴画、线贴画、叶贴画、谷类贴画、果壳贴画、综合材料贴画等。对其形象素材，要日积月累，要将材料的特性发挥得恰到好处，进而增强画面效果。

  在制作粘贴画之前要准备好材料，确定类别，确定设计构思、题材、画面大小等。色彩搭配要鲜艳、协调，造型要活泼可爱，构图要完整，制作过程要精心细致，这样才能制作出一幅好的粘贴画。粘贴画的艺术效果是其他绘画无法达到的。

兰春梅

高黎阳

一、纸贴画

纸贴画是粘贴画中取材和制作都比较容易的一种贴画，过期的挂历、画报、报纸、即时贴及各种美术用纸等都可以用来制作。在制作过程中，用剪、刻、撕、折等技法，可巧妙地利用原材料上的某些图形、色彩和肌理，创作出别有情趣和意境的画面。纸贴画具有镶嵌画的效果。

1. 材料与工具

各类挂历、画报、报纸、装饰纸、卡纸、瓦楞纸等，以平整、厚薄适度为宜；剪刀、刻刀（美工刀）、镊子、大小笔刷、胶水等。

2. 制作方法

（1）起稿。在选定画面主题后进行构思，然后在卡纸上用铅笔勾勒轮廓，并在别的纸上配好色彩稿，也可以找现成的范本。

王莉华

（2）剪、撕纸。根据画面的色彩稿，选择色彩类似的彩色纸或旧画报，将其剪或撕成很多小块。剪、撕时请注意剪、撕的形状与大小要基本统一。

（3）拼贴。可在要拼贴的部分局部涂上胶水（不宜过多，要适中），再用镊子将剪、撕好的纸一块一块地放在上面。贴时要有序，避免杂乱无章；纸与纸之间要留有一定空隙，体现出撕纸的效果；色彩过渡要自然，产生渐变、动感的效果。可以借鉴点彩派的方法，产生丰富、绚丽的色彩变化。

拼贴过程中要分块进行，即先剪、撕，撕完后就进行拼贴，然后再进行其他部分的制作，一直到最后塑造完成。

（4）调整。由于在拼贴过程中较多关注局部的形象，往往会忽略整体的关系，此时应对画面做整体的调整，使画面主体突出、色彩和谐，更加完善。

《芳一和尚》

王海燕

韦求真

佚名 　　　　　　　　何怡 　　　　　　　　佚名

许芳芳 　　　　　　　　　　　　　佚名

佚名 　　　　　　　　佚名

沈丽燕

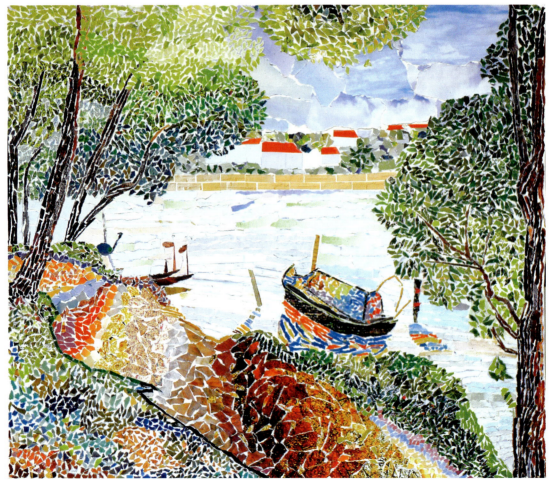

叶孟

杨海娅

张秋月

周雯雯

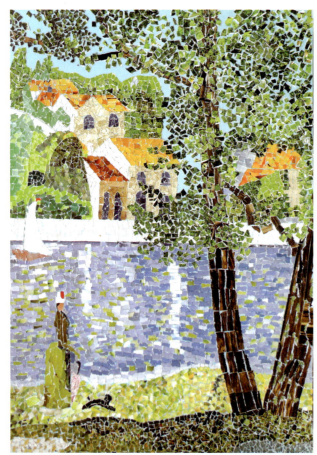

陈怡

陈佳叶

马夏夏

二、皱纹纸贴画

皱纹纸贴画就是用各种彩色的皱纹纸搓成纸线，然后用编、绕、撒等手法将纸线粘贴成各种形状而形成的装饰画。

1. 材料与工具

各色皱纹纸、卡纸等，剪刀、胶水、双面胶等。

2. 制作方法

(1) 先把皱纹纸剪成两指宽的细条，然后搓成纸线备用。

(2) 在黑卡纸上画出基本轮廓。

(3) 在要粘贴的地方涂上固体胶。这里要注意，固体胶很容易干，粘贴的时候应涂一小块贴一小块。

(4) 选择搓好的皱纹纸线，分块粘贴形象。

(5) 待各色块全部粘贴完后，再进行整体的调整。

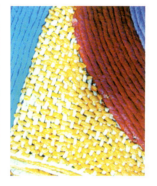

方莹

王婷媛

张筱群

张嘉筠

金周芬

汪静科

三、立线贴画

立线贴画，又称立线画，是指将卡纸或厚纸裁成一根根细而长的纸条，将它们粘贴侧立在底板上，从而构成的一种以线条为主的、立体的、富有韵味的装饰画。

1. 材料与工具

双面卡纸、单面卡纸、装饰纸、铜版纸等，美工刀、垫板、胶水、镊子等。

2. 制作方法

(1) 设计图稿。设计时要考虑运用线的特点来构图，力求简洁、概括，粗细、疏密协调。在底板上画好草图。

(2) 粘贴时线条的排列可采用并列、发射、旋转、弯曲等方法，使线条富有变化而不单调。要充分利用彩线绚丽的色彩和疏密变化，使作品具有韵律感。

(3) 按先主体后陪体、先外轮廓后内部排列的顺序，逐一在底板上涂上胶水，把事先剪好的长短适当的纸线贴上。要注意画面的整洁，涂胶时要细心地在轮廓线上涂，不要弄脏画面。

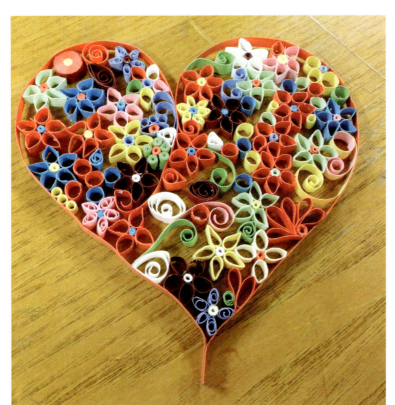

齐静雪菡

佚名

佚名

佚名

佚名

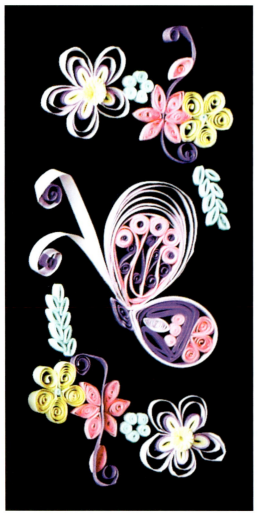

佚名

张思思

四、布贴画

制作布贴画时要充分发挥各种布料的质地、纹路、色彩等效用,量材做贴画。如纱绸较透明,富有空间感,适于表现夜空和远景;呢绒较厚实,适于表现冬装或被厚雪遮盖的远景,及动物等;淡色调的布料易表现近景物体或人物等;纺织品的布丝纤维可用来表现小草、芦苇和树枝叶的生动形态。

1.材料与工具

各种碎布料,如呢料、卡其布、尼龙布、绸缎、灯芯绒、毡等;剪刀、美工刀、胶水、镊子、铅笔、白纸、底板等。

2.制作方法

(1)起稿。画面要简练、概括,可以有适度的夸张,要强调装饰趣味,尽可能使画面形象简化成几块平面形图块。

(2)配色。色彩力求鲜艳、明快。将具有不同质地、肌理、花纹、图案与颜色的材料结合得越巧妙,作品就越发显得生动有趣。

(3)用复写纸将图稿造型描印后,将各个局部分别贴覆在选择过的几种制作材料上,然后细心地剪下局部形状。

(4)将底板和图形先拼摆一下,看看各色块拼合是否和谐,底板与画面的关系是否统一,主体是否突出,经调整修改后,再将它们粘贴在底板上。粘贴时胶水不宜过多,以免渗出布面影响画面效果。

起稿

粘贴

佚名　　　　　　　　　　　　《风景》佚名

《浦江薄雾》杭法基

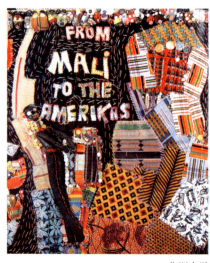

非洲布贴　　　　　　　　　　《冬乐图》杭法基

《金秋》杭法基

《水乡》佚名

佚名

佚名

佚名

《美人鱼》佚名

五、蛋壳贴画

蛋壳贴画是利用蛋壳特有的色彩进行粘贴，它的特点是取材方便、制作简单、效果精美。天然蛋壳有白色、淡赭色、粉红色、淡青色、暗红色、深褐色等颜色，还有带花纹的。制作时如果再配以一定的颜色、油漆，则效果更佳。

制作蛋壳贴画要先将蛋壳洗净、剥去内皮晾干后分类放好。底板应选用深色的硬纸板、胶合板、薄木板等。如果只是做小幅贴画，也可在白卡纸上刷上深颜色后使用。

蛋壳贴画的构图不宜复杂，可先在白纸上起稿，然后再拷贝到底板上。再用毛笔把胶水按轮廓涂好，用镊子夹住蛋壳后镶嵌到位即成。

基本技法

（1）镶嵌贴法。是最常见的一种贴法，即在深色底板上用蛋壳沿边线粘贴，缝隙一定要小，由蛋壳碎片组成具体的点、线、面。

（2）镂空贴法。与镶嵌贴法相反，是以蛋片之间留出底色来组成画面形象。

（3）星点贴法。将碎蛋壳星星点点地贴在画面上，有松散感，适用于树木、山水风景等图样。

以上方法有时也可综合使用，艺术效果会更佳。

严飞霞　　　　　　　　佚名

金云　　　　　　　　佚名

六、叶、草贴画

自然界中有很多落叶、枯草等，它们各自具有绚丽的色彩和多姿的形状，有的粗涩，有的光洁，利用它们本身的肌理和魅力特征来作画，会产生一种独特的效果。人物、山水、花鸟、鱼虫等都可以作为贴画对象。

制作方法

(1) 叶贴画。选择形状美而平展的叶子直接粘贴。

(2) 剪叶贴。根据画面要求剪刻形状，然后创作有主题的巧妙组合。

(3) 综合叶贴。以叶为主，也可用糖纸、干花等辅助拼贴。

粘贴画

七、谷物贴画

谷物、植物种子和豆类的质地和光泽各有不同，加之材质本身的自然美，由它们所构成的画面很富有装饰性和乡土气息。谷物和豆类用前不能用水洗，以免褪色、皱皮，但根据画面需要也可染色、晾干后使用。不要过于复杂，一般以保持谷物和豆类天然的色彩为佳。

1．材料与工具

各类谷物、植物种子和豆类，胶水、镊子、毛笔、三合板、硬纸板等。

2．制作方法

(1) 可直接在底板上画出图形轮廓，笔迹尽量轻，构图尽量简洁，画面装饰性要强。

(2) 用毛笔在轮廓线上涂上胶水，再将各色豆子一颗颗排摆上去，依次填满轮廓线内的空间。制作时要细心、耐心，力求做出好作品，让人感受生活中的美。

佚名　　　　　　　　　　　　　　　　　佚名

陈静

佚名

八、瓜子壳贴画

瓜子壳贴画一般用剥后的瓜子壳为好,因为瓜子仁易被虫蛀,不易保存。用于贴画的瓜子最好用瓜子钳钳开,制作完成后的瓜子贴画用清漆涂刷后既可以防腐,又可以提高画面效果。

1. 材料与工具

各类瓜子壳、核桃壳等,剪刀、镊子、胶水、硬纸板等。

2. 制作方法

(1) 整、碎结合法。整颗瓜子壳可整瓣使用,如做鸟头、鸟身、鱼身等。还可将西瓜子壳、南瓜子壳剪成一半或剪去一角、剪碎后用做鸟嘴、鱼尾、松叶、柳叶等。

(2) 反贴法。有时画面需要把瓜子壳反贴,如制作梅花瓣时用反贴法与深色树干形成对比,从而突出梅花,使其更有立体感。

(3) 装饰法。用省略、夸张、适度变形、几何化等手法进行造型。

(4) 水墨法。运用中国画的韵味,近似半工半写的手法,要求按中国画的构图起稿。

九、综合材料粘贴画

综合材料粘贴画就是用各种不同的材料粘贴而成的装饰画。

各种材料都具有其内在美，主要体现为色彩美和质地纹理美。同时，每种材料既有其优点，同时又有其局限性。把各种材料综合起来，就能充分发挥它们各自的特点，从而增强画面的整体效果。

平日里，我们对身边的废旧材料要审曲面势，注重形象联想。在设计构思时，造型不在于求真，而在于力求意趣的表现；选材不在于优劣，而在于对美感的追求；技艺不在于繁简，而在于设计上的创新。在制作过程中要注重材质间的对比，如光滑与粗涩、明亮与晦暗、柔软与坚硬等。要使材料的特性发挥得恰到好处，以求创造出新的审美形象。

方蕾

邱懿红

陈碧菲 陈怡

黄燕虹

1．材料与工具

各种不同的纸张、布料、塑料片、KT板等，美工刀、剪刀、镊子、胶水等。

2．制作方法

(1) 设计草图，也可以根据现成的画进行改编再创作。

(2) 根据形象选定不同的材料。

(3) 分块剪贴。分别对画面中的每个形象进行剪贴制作。

(4) 画面整体组合。将分块剪贴的形象组合成完整的画面，注意先粘贴远的景物，后粘贴近的物体与形象。

(5) 画面调整。

朱玲

蔡惠惠

钱雯慧

王菁

宋洁莹

潘慧

杨阳

张丽清

● 教具、玩具制作

单元学习重点：

- 了解幼儿园自制教具、玩具的内容和要求，掌握自制教具、玩具的技法
- 学会根据不同废旧材料的特点、特质进行制作
- 通过学习，培养学生的扩散性思维

　　自制教具、玩具是幼儿园教师的基本功之一，也是幼儿园开展直观教学和游戏活动的重要内容。本单元的重点是要学习和了解幼儿园开展教具、玩具制作的内容和要求，懂得如何运用废旧材料来自制教具、玩具，并熟练掌握教具、玩具的制作方法及技法，同时还能根据不同废旧材料的特点、特质进行制作。通过教学培养学生的发散性思维、动手能力及创造能力，为今后从事幼儿园工作打下基础。

　　幼儿园自制教具、玩具的内容十分广泛，有配合教学活动的教具与活动室布置用具，配合角色游戏、表演游戏的玩具，配合结构游戏、智力游戏的玩具，配合体育游戏、娱乐游戏的玩具等。我们在自制教玩具时应注意：在内容和形式方面，必须符合幼儿活动的需要、幼儿的认识水平和玩赏能力；在选材方面，应考虑就地取材，尽量利用一些废旧材料；在结构设计方面，应尽量遵循简单、便于制作和牢固的原则；在形式方面，造型应简洁生动，色彩宜鲜明；还必须注意使用方便、安全和卫生。

　　在现代生活中，我们周围的自然环境及社会生活无时无刻不在发生着巨大变化，废旧物也已成为我们生活中极为普通和司空见惯的东西。这些废旧物看似已失去使用价值，但当我们从创造的角度重新审视和利用它们时，会发现它们可以为我们创造新事物提供新的视角。这一发现取决于我们的观察分析能力和形象思维能力，它为工艺制作提供了另一种材料。

　　即兴、联想、想象、创造，为自制教具、玩具的主要特点。现代艺术大师毕加索就曾用废旧物品创作了一件雕塑作品——《公牛头》。他巧妙地运用旧自行车把作牛角，旧车座作牛头，其构思之巧，令人惊叹不已。同样地，我们日常生活中的一些自然废旧物，如各种纸类、纺织物、橡胶、塑料、海绵、乒乓球、蛋壳、竹木、金属等，都可以用来制作教具、玩具。这些教具、玩具具有很强的可操作性和实用性，可以满足不同年龄段幼儿的使用和求知欲望，进而激发幼儿对游戏和教学活动的兴趣和创造力。其中有些还可由幼儿参与制作，在带给幼儿无穷乐趣的同时，也陶冶了他们的情操，开发了他们的智力，还能培养他们不怕困难、友好合作的精神，增进他们认识自然、亲近自然、珍惜自然资源及保护环境的意识。

　　在制作教具、玩具过程中，还要注意选择一些干净、卫生、无毒、无害、无危险性的材料，要注意玻璃、铁丝、易拉罐等易碎或尖利的特点，以免伤到幼儿。

　　对废旧物进行再设计改造，首先要对它们重新加以审视，以便从新的角度获取运用这些材料的方法。一般体现在以下几个方面：

1. 材质

　　大致可分金属、塑料、纸张、织物、纤维、木材等，其中一部分属于软质材料，一部分属于硬质材料。在对这些材料进行加工前，先要了解它们的特性，以便确定该采用何种方

法，如锯、剪、切、粘、编、折、插、缝等。只有先了解了材料，才能更好地去体现它们的材质和美感。

2. 肌理与色彩

肌理是材料本身的特征，材料的质地不同，其纹理效果也不同，在造型中应恰当利用，尽显其自然的美感。色彩主要体现在自然本色和人为的搭配上，一般以利用材料自然本色效果为佳。

3. 构思与设计

构思是指人们头脑中的思考和构想。设计是构思结果的实施，包含对材料的加工，是一种创造性的劳动。构思与设计均来源于生活。

(1) 联想法。从生活中的实物联想到用适合的废旧材料进行创作。

(2) 命题法。确定好题目后再收集材料。

(3) 材料法。偶然看到某种材料而引发的制作欲望。

(4) 完善法。参考别人的作品，进一步修改完善使之成为更有新意的作品。

废旧物是再设计、制作的基础，充分利用好材料的特性，赋予它们新的艺术生命力，就能创作出或质朴，或精巧，或粗犷，或可爱的作品。

一、纸盒造型

随着生活水平的提高，各种商品的包装也是越来越精致美观、形新质好，如各类电器、食品、药品、饮料等的包装盒，经常让人爱不释手，不忍丢弃。现在，让我们把这些包装盒收集起来，按照自己的构思设计，再加上一些彩纸、布料、塑料片等材料，进行新的创作。

创作时可采用前面讲过的联想法、命题法、完善法等方法。如用命题法进行创作：在节日的联欢会上，小朋友需要一条龙来表演节目。可以找来饼干盒或饮料的包装箱，设计制作成一条中国龙的形象。

刘西云

佚名

1．材料与工具

各类形状的包装盒和包装箱、彩纸、塑料片、即时贴等，剪刀、刻刀、胶水等。

2．制作方法

(1) 根据创作方法设计形象，画出基本形象造型。

(2) 利用剪、切割、卷曲、插接、粘贴、组合等技法进行制作。

(3) 调整形态和色彩，检查是否牢固，最后进行装饰、美化。

佚名

乌洲艳

蒋业

佚名

王菁

佚名

佚名

佚名 　　　　　　　　　　　　　　　　 陈碧霞

蒋琦

二、包装纸造型

同样地，精美的包装纸及塑料袋也能制作成漂亮的花朵，既可变废为宝，又可美化生活。

1．材料与工具

不同颜色的包装纸或塑料袋、铁丝，剪刀、钳子、双面胶等。

2．制作方法

(1) 将包装纸或塑料袋剪成花瓣大小的长方形块。

(2) 将长方形块对折，按花瓣形状剪下来。叶子用绿色的材料做，方法相同。

(3) 用双面胶把花瓣和铁丝组合起来，最后加上叶子即可。

三、易拉罐造型

易拉罐具有平薄、有弹性、有光泽等特点，是我们进行手工制作的理想材料。易拉罐外表常印有鲜艳的彩色图案，内里均为有金属光泽的铝合金本色，设计时，两者均可利用。易拉罐皮方便剪刻，容易折叠，但不宜反复，否则会断裂。

易拉罐也有各种各样的形状，先要观察它像什么，然后展开联想，待有巧妙构思后，就尽快动手设计、制作吧。

 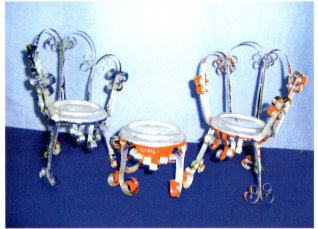

陈治丽

佚名

佚名

佚名

刘晓贡

佚名

徐梦艳

四、蛋壳造型

蛋壳、蚕茧、乒乓球，它们的特点是外形呈球形或椭圆形。通过彩绘、雕刻、剪贴等工艺，它们可以成为一件件精美的小摆设、小挂饰等。绘制和雕刻都非常精美的"彩蛋"就深受人们的喜爱，它也是我国传统民间艺术之一种。

1．材料与工具

蛋壳（蛋壳两头扎出小孔，使蛋液流出）、蚕茧、彩纸、即时贴、碎布头、毛线等，胶水、剪刀、镊子、毛笔、颜料等。

2．制作方法

(1) 绘制草图。

(2) 根据草图剪贴五官及其他部位。

(3) 用纸或其他材料制作身子。

(4) 组合造型，将头部与身子组合在一起，并进行适当的装饰，使其造型更加丰富。

五、瓦楞纸造型

瓦楞纸主要用于包装，常被当作废品丢弃。但如果我们细心观察，会发现它色彩淡雅，有一种大自然的气息。它既有板材的性能，又容易加工，也是一种较好的手工制作材料。

1. 材料与工具

纸色、厚度一致，格楞分明，表面光滑的瓦楞纸板；美工刀、圆规、直尺、垫板、白胶、铅笔等。

2. 制作方法

(1) 构图。造型不要太写实，强调结构、夸张特征，装饰性要强。

(2) 拷贝。把图稿转印，先描最大片。

(3) 取料。去掉没用的部分，取直纹。

(4) 切割。刀尖不宜留出太长，行刀要稳。如有多片，先切好第一片为标准，然后一一复制。

(5) 粘贴。将白胶点在反面黏合，注意光面向外，黏合后横断面会出现整齐的蜂窝状。

刘欢

林芳

六、其他废旧物造型

生活中除了以上列举的废旧材料外，其他还有很多很多，我们如果巧妙加以利用，就能不断产生新奇效果。一般物体都是由一些简单的基本形态构成的，将若干大小不等、形态各异的几何形体组合起来，就可以形成各种动物、人物、建筑等的造型。

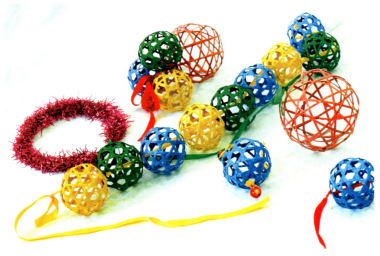

蚌壳玩具

陈良娣

陈好好

柴玮

廉建峰

沈婷

任静婷

佚名

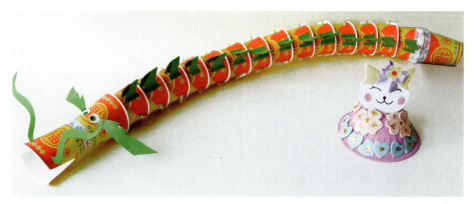

佚名

钟雯娟   杨海霞

何燕   张燕梅   佚名

孙金红   钟雯娟

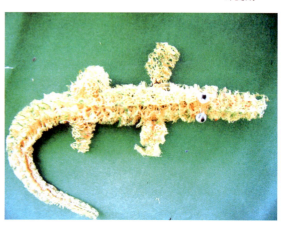

学前教育专业系列教材·美术

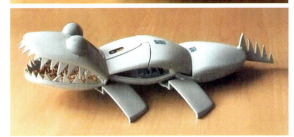

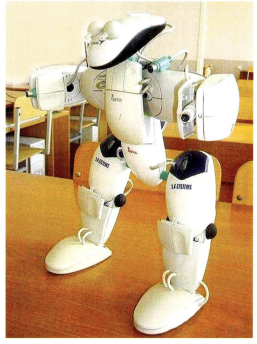

佚名

佚名

佚名

七、蔬果造型

自然界中的蔬菜、瓜果，不仅是我们生活中的必需品，还能带给我们美的享受和美的联想。

我们可以选一些造型和色彩均有特色的蔬菜和水果，充分利用其自然形态进行创作。采用刻、剪、插、接、拼、贴等手法，制作出富有自然美与艺术美的造型。

1．材料与工具

各种蔬菜、水果及种子、豆类等辅助材料，小刀、剪刀、牙签等。

2．制作方法

(1) 整体添加法。指充分利用蔬果原来的形状和色彩，再根据需要适当添加一些辅助造型材料，如人物的五官、头发、胡子、衣服等。这种方法对材料的选取和联想力要求较高。

(2) 切割添加法。与整体添加法基本相同，只是还要在蔬果主体上进行切割后使之变形。

(3) 组合切割添加法。两个或两个以上不同形状的蔬果，依据构思、设计，进行插接、添加、切割，制作出有趣的人物和动物造型。

苏丹青

郑明

佚名

郑明

苏丹青

八、木偶造型

木偶活动非常适合幼儿的年龄特点，木偶艺术也深受幼儿的喜爱。在幼儿园开展木偶制作活动很有必要，它能丰富幼儿情感，使幼儿形成良好的个性品质。

木偶种类很多，有泡沫塑料木偶、乒乓球木偶、折纸木偶、手套木偶等。

1. 泡沫塑料木偶头部制作

(1) 材料与工具

聚苯乙烯泡沫塑料、绒布、纽扣、0号细木砂纸等，胶水、美工刀、木锉刀等。

(2) 制作方法

① 设计木偶造型。先在纸上设计所需的木偶造型，拿一块10厘米左右的立方体泡沫塑料，按照设计好的图样在上面勾画出轮廓。

② 削出头型。用美工刀削出雏形，再用木锉刀锉出所需要的形状，然后用0号细木砂纸把表面磨光。

③ 包布。根据不同形象的肤色，选择不同颜色和质地的布料（呢、绒、毛料等）。最好选取具有绒感、拉力强的碎布料，没有弹力的丝绸、尼龙布料不可取。将胶水涂在头型上，然后用布料从前往后、从上到下包起来，这样接缝处就集中在了脑后。接缝处应尽量集中，最后用剪刀修平。

④ 装指管。木偶的颈部（指管）可用硬纸板卷成直径为2～2.5厘米的纸筒，长度为8厘米，再用和脸布一样色彩和质地的布包上。在头型的下面（颈部位置）挖一个直径为2.5厘米的圆孔，里面涂上胶水，再把指管插装进去，颈部外端留出3～4厘米即可。

⑤ 装五官。五官可以另做附件贴上去，如鼻、耳等凸出的部位可以用布缝制或海绵制作，也可以用塑料泡沫削制再安装上去。安装时先用刀片划开，再把附件物插入的一端涂上胶水镶嵌进去。

⑥ 其他装饰。五官装配完后，要对脸部进行调整和装饰。可用胭脂粉在人物脸部的两颊上轻轻擦上一些红晕；动物的形象则可以根据不同动物的特征加以装饰，使其更具童趣。

木偶造型

布袋木偶

布袋木偶

布袋木偶

布袋木偶

陈静

乒乓球木偶是以乒乓球为主要材料，通过剪贴、描绘或添加而制成的各种生动有趣、具有装饰性的小型木偶。它的特点是利用乒乓球本身的圆形制作成各种经过适当夸张变形的人物、动物形象，其造型生动、概括而富有童趣。同时，它分量轻，制作方便，幼儿可以边玩边做，还可利用木偶表演语言故事。

2．木偶服装缝制

布袋木偶的服装剪裁，大小要适当，要注意衣服和头部的比例关系。布料不宜太薄；为增加厚度，可适当做个衬里。木偶的手一般都是连在布袋身体上的，可以用与脸部相同的布料缝制上去，手型可以简单些。

3．舞台的设计、制作

幼儿木偶戏的舞台以简便、灵活为好。舞台一般宽约2米、深1.5米、高2米，舞台高1.7米处是台口，台口以下用布幔围着，演员在布幔里进行木偶表演。台口的横档要设计成能上下移动的，这样在表演时，就可以把台口调整到幼儿的高度，以便于幼儿表演。

幼儿木偶戏舞台的制作方式很多，可以因地制宜，就地取材，以简便为主。

（1）景框式。属于较固定的舞台。舞台的布幔可选用颜色较深的金丝绒，有助于突出表演效果。两侧的屏风上可搞些小装饰。

（2）竹竿式。找来两把椅子，在椅背上绑上小竹竿，再在两根竹竿上横架一根竹竿，然后将竹竿用布幔围上，一个简易的幼儿木偶戏小舞台就做成了。

（3）跳高架式。将现成的跳高架的横杆用布幔围上，即成木偶戏小舞台。

（4）屏风式。直接用屏风当舞台来进行表演。

4．幼儿木偶戏的布景和道具制作

舞台背景的设计要简洁，一般可以分为两个层次：前景、背景。前景往往是花草之类，但不要太大、太高，以免遮挡木偶的形象；背景主要是场景的交代，在造型和色彩上不能用纯写实的表现手法，而要用象征性的表现手法处理，同时表现形式要多样化，要有童趣。

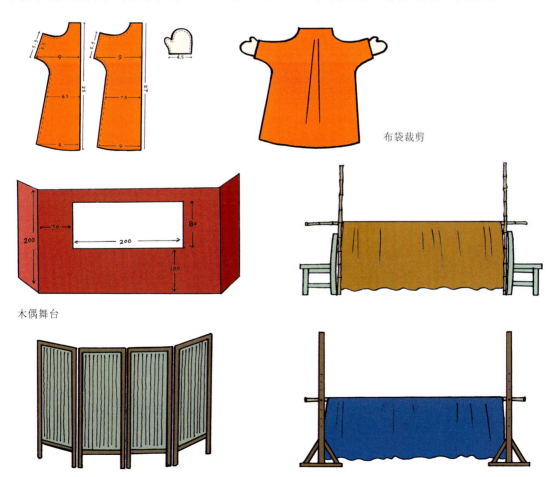

布袋裁剪

木偶舞台

九、编织造型

一些编织而成的小玩具，柔软、手感好，很适合幼儿玩耍。同时，美观实用的编织品还可以用来布置幼儿园环境。编织可分棒针编织和钩针编织两种。

1. 材料与工具

毛线，编织针、钩针。

2. 棒针编织方法

(1) 先起10针。

(2) 第2层织鞋底，两边各加1针，织10层（上下针）。第12层两边各加1针，织10层。

(3) 鞋底的两边各并2针，四周挑单边，下针织3层。

(4) 织锯齿边时，线挑外边并2针，再加1针。再织3层下针，翻层后用钩针钩在底边上。然后再织2层上针、2层下针，各2遍。

(5) 在编织鞋面时，先织10针上下针，然后来回各并1针，直到剩下40针为止。

(6) 编织鞋帮时，先挑40针（12+12+16），再织2针上针、2针下针，共织9层。

3. 钩针基本钩法

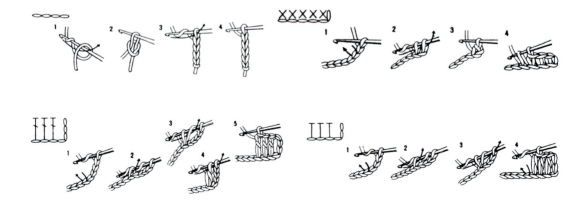

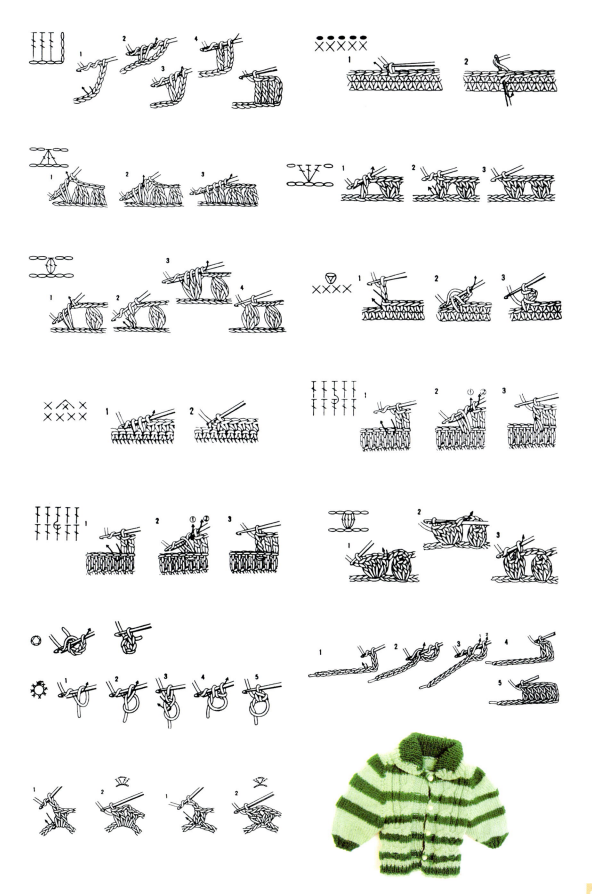

陈李嘉　　　　金周芬　　　　张嘉筠

富丽丽　　　　李燕琪　　　　李燕琪

缪海婷　　　　诸葛小盼　　　　汪静科

王松萍　　　　王婷媛　　　　鲁青青

王婷媛　　　　　　　　　陈晓晓　　　　　　　　　王捷

汪静科

鲁青青　　　　　　　　　　　　　　　　　李燕琪

方莹

张嘉筠

王婷媛

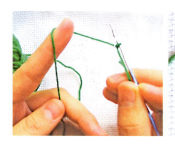

乌佳奇

张筱群

张莎莎

教具、玩具制作

王松萍

李雪洁

王捷

十、灯彩造型

灯彩和挂饰不仅可以制造节日气氛，还可以用来布置日常环境，特别受幼儿园小朋友欢迎。如桃花纸可做成简单的五星灯、兔灯、荷花灯等。

五星灯的制作。

1．材料与工具

竹条、桃花纸，胶水、剪刀等。

2．制作方法

(1) 取10根同长竹条扎成两个平面的五角星形，另取12根同长短条做横骨；再将两个五星连扎在一起。

(2) 将纸裁好，然后糊纸。糊纸时先糊侧面，后糊正面，注意底部不要糊纸，留出放蜡烛的地方。

(3) 裱糊平整后，挂上灯须。

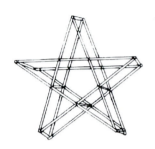

吹塑纸灯彩的制作。

除桃花纸外，色彩鲜艳、外表光滑的吹塑纸也可用来做漂亮的灯彩。

1. 材料与工具

吹塑纸，流苏，圆规、直尺、美工刀等。

2. 制作方法

(1) 用圆规画圆，再刻出7个等大的圆形，将其中6片对折后剪出插口。

(2) 剩下1片做主片，分刻出12等份。

(3) 添加动物等形象，造型要大于圆球形，剪出插口，长度是造型宽度的1/2。主片上也增加一条等长的插口。

(4) 插好后，挂上流苏即可。

陈家琪

十一、头饰、手饰制作

在幼儿园的表演和游戏活动中，经常需要用头饰、手饰来装扮各种动物和人物的形象。造型生动、色彩鲜艳、便于佩戴的头饰和手饰，取材方便、制作简单，很适用于幼儿的小型表演，是幼儿园活动时不可缺少的一种道具。

头饰有平面头饰和立体头饰两种。

平面头饰。先用画或剪贴的方式塑造形象，然后将形象固定在箍带上即可。

立体头饰。一般采用立体纸工和卷筒方法，塑造立体形象，还可用花布、羽毛、彩纸等进行装饰。

十二、壁挂制作

壁挂是一种小型的工艺品，它作为一种室内装饰品越来越受到人们的欢迎。壁挂的制作也较为简便，其原因之一是材料常见，如棉、麻、丝、化纤、棕、皮、毛等均可。

其中的编织壁挂被称为悬挂式的"软雕塑"。它同时渗透着绘画、雕塑和工艺之美，因其自然的材料质感、独特的肌理效果、优美的构图造型，深受人们的喜爱。

1．材料与工具

亚麻布、麻袋、棉布、各色粗细的线绳及其他各种材质的附料、木框（绷布时用），剪刀、图钉、针、钩针等。

2．制作方法

(1) 画稿。图案要强调装饰性，采用夸张、概括、变形的手法，塑造富有韵律美、节奏美、装饰美的艺术形象。

(2) 做衬底。把衬底布料用图钉平整地绷在木框上。下边多留些，可以抽穗、做边。

(3) 制作。可采用编织、拼贴、刺绣、钩编等方法。

(4) 组合、整理。根据设计图案，选择和利用各种废旧材料进行加工组合。组合时要注意大小、厚薄、粗细、色彩、质感等方面的对比。最后加上悬挂用的横杆。

佚名

黄高瞻

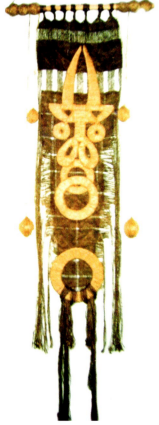

陈静

《陶韵》王春燕

● 民间工艺制作

单元学习重点：

- 了解和学习中华民族传统的民间工艺美术的艺术形式
- 提高学生的艺术素养和审美能力，懂得如何欣赏民间工艺美术作品

　　民间工艺制作是在民间流传的极具生命力的民间技艺，如扎染、蜡染、刺绣、编织等，它们凝聚了劳动人民的智慧和对美的追求以及对生活的美好愿望。经过漫长的社会发展后，这些民间艺术已从原初的生活实用品演变为今日精美的艺术品，在现代生活中起着日益广泛的作用。

　　民间工艺多数制作较为简便，可以用来丰富幼儿在园的学习和生活内容。让幼儿亲手制作民间工艺品，不仅可以培养幼儿的动手能力和技艺情趣，使幼儿在创造性的劳动中得到乐趣，同时可以发展幼儿手、眼、脑的协调能力；还可以培养幼儿热爱劳动、热爱家乡、热爱祖国的美好情感。

地戏面具

《惠女头饰》广东

彩塑《狮王》河南浚县

布堆画《回娘家》

面制品《寒燕儿》山西

面镆《面羊与牧羊人》河北

一、风筝

风筝是一种由线牵引控制，借助风力能在空中飞翔的工艺品。它也是老少皆宜的一种娱乐工具。我国的风筝制作有两千多年的历史，美丽的风筝充分体现了劳动人民的智慧和才能。

风筝的种类很多，有板子型（方形、菱形）、硬翅型、软翅型、立体型、龙型等。

风筝的制作方法：先用细竹条扎好骨架，然后糊纸，蒙纸可用皮纸，也可用生绢、尼龙布、无纺布等。绘制过程可以先糊白纸再绘画，也可以先绘画再糊纸。

二、扎染

扎染是一种古老的民间染织工艺，它是把布料捆扎后，经煮染制作成花纹，也因此被称为"扎染"。它色彩朴实、自然大方、肌理效果明显，具有浓厚的乡土气息和民族韵味。其制作过程方便、简单，在一般条件下都可以完成。

1.材料与工具

白棉布、染料、线绳，锅、电炉等。

2.制作方法

(1) 图案。不宜太精细，要简洁，用铅笔直接画在布上。

(2) 撮扎。把需要扎的部分抓起来，用线扎紧。

(3) 煮染。在开水里加上染料和盐，把握好时间（根据布的厚度）。

(4) 漂洗。煮好后放进清水里洗净，晒干。

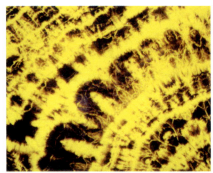

《燕尾》李德懋

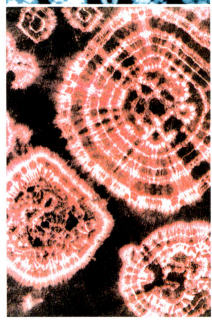

蜡染是以蜡作为防染剂，在织物上绘制形成防染层，染色后去蜡而得本色纹样的一种印染方法，具有粗犷纯朴的民族特色。

1. 材料与工具

白棉布、石蜡和蜂蜡（掺和使用效果更好）、染料，蜡壶、毛笔、木框、锅、电炉等。

2. 制作方法

(1) 图案设计。先设计好图案，可借鉴少数民族传统图案，用铅笔直接画在布上。

(2) 熔蜡。把蜡放在搪瓷盆里，在电炉上加热，蜡液的温度要保持适中。

(3) 绘制、染色。按照图案用毛笔画蜡，也可用蜡刀、蜡壶等画蜡。完成后把布料从木框上轻轻取下，以防止画面出现过多的蜡裂纹。然后浸入清水中浸泡几分钟。用热水配好燃料，加入食盐拌匀，将布料浸染30分钟，再加入小苏打染10分钟。染好后取出布料，在盆中晾放10分钟，再用清水冲洗。

(4) 脱蜡。在水盆中放少量洗衣粉，将水烧开，把布料放入进行脱蜡，可反复多次，最后漂洗干净。

《蝴蝶纹背扇》苗族

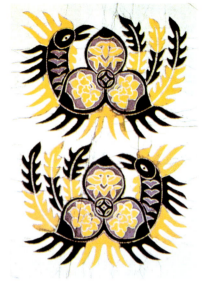

蜡染《鱼》柴扉　　　　　　　　　马正荣

《卷草纹背扇》苗族　　　　　马正荣　　　　　佚名

《斑马》饶黎

三、面具

在少数民族地区，面具是一种用来驱鬼降魔的古老艺术品，他们相信这些面具可以赋予人某种力量。现在仍有一些少数民族地区延续着在民俗活动中戴面具的传统，如藏戏、社火等。

面具的种类主要有平面和立体两种。废纸盒、纸袋、卡纸等都可以用来做面具。面具的制作很简单，只要充分发挥想象力，将构思画在选用的材料上，然后挖去眼洞，再把它固定在箍带上即可。

高振伟　　　　　　　　　　　侯贤东

四、彩塑玩具

彩塑玩具在民间流传很广，它由黏土捏制、晒干后再进行彩绘而成。既可当玩具，又可供观赏。

彩塑玩具的制作方法：先在泥中加进一些棉絮等纤维揉好，然后捏成所构思的物形、阴干；上色时，先在泥坯上涂上白色，然后从上至下、先浅色后深色；最后刷上清漆即可。

五、丝网花

丝网花是用类似丝袜一样的材料做成的工艺品。漂亮、逼真的丝网花物美价廉，且制作简单。

1.材料与工具

各色丝网花材料、铁丝，胶带、钳子、剪刀、小圆筒。

2.制作方法

(1) 选择所构思的花的形状、颜色等，在圆筒上做出花瓣。

(2) 再做出叶子。

(3) 用胶带把花和叶子缠在一起即可。

吴海娅

六、刺绣

刺绣，也称绣花，是我国优秀的传统工艺之一。一般在棉布和绸缎上绣制。另有一种绒绣，是在较粗稀的麻布、毛毯上，用绒线、毛线等绣制。

1.材料与工具

各色布料、花线，花绷、针、剪刀。

2.制作方法

(1) 绘稿。先绘稿，再复印到布上。

(2) 上绷。用绷把布绷紧。

(3) 绣制。一般采用较为常用的平针绣、行针绣即可。

陈健 　　　　佚名 　　　　佚名

佚名 　　　　佚名

《双龙戏珠》苗族 　　　　绣花鞋垫

《二龙抢珠》苗族

《福禄寿》

枕头顶

《彩蝶戏花》苗族

织绣《彩马》潘毅群

刺绣 湖南

七、十字绣

十字绣深受当今女孩子的喜欢，已成为一种时尚的手工艺。它用传统的刺绣方法，配以现代的构图和造型，创造了一般绘画所达不到的特殊美感。十字绣所需的材料有网眼布或粗布以及普通的缝衣针和绣花线。

十字绣的针法呈十字形，先挑出一行斜针，再回头逐一搭成十字绣，或直接搭成十字绣。

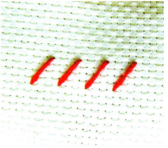

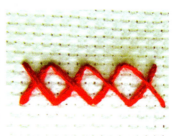

《花》梅玉秀

《松鹤延年》梅玉秀

《椰子树》梅玉秀

《秋色》梅玉秀

八、串珠

串珠造型也是现在比较流行的手工艺品之一，其造型新颖生动，活泼可爱。它既可以作为饰品，也可用作观赏，还是很好的玩具。幼儿通过串珠的制作训练，可以锻炼手指的灵活性，培养创造力和想象力。

1. 材料与工具

珠子、尼龙绳，剪刀。

2. 制作方法

(1) 把5颗珠子串在一起，打结。

(2) 向前1颗串进，再串4颗。

(3) 向前1颗串进，再串3颗，回2颗。（此步骤重复3次。）

(4) 再向前2颗串进，串2颗，回3颗。

(5) 向前1颗串进，串3颗，回2颗。

(6) 向前2颗串进，串3颗，回3颗。（此步骤重复3次。）

(7) 向前3颗串进，再串1颗，回4颗。

基本技法熟练后，便可根据平面形象变成各种串珠造型（如各类小动物等）。

九、竹工、木工

自然界中的竹、木、金属等都是手工制作中不可缺少的材料。它们一般都有一定的硬度，加工时需要借助一些小工具和小技巧，这样也更能锻炼幼儿动手、动脑能力。还有一些只要根据它们的自然形态进行联想，稍加修整，就可得到一件艺术品。

竹木玩具《小风车》

● 民间工艺作品欣赏

　　民间工艺是兼具实用性和装饰性的一种造型艺术。它历史悠久，是人类自古以来就存有的生活形态之一。民间工艺品通常都是就地取材，且构思巧妙，具有深厚的文化内涵。

　　民间工艺种类多，不仅有泥人、风车、风筝、面塑、纸艺、布艺、糖人、香包、竹艺、木艺等，还有益智的七巧板、九连环等。随着时代的发展，民间工艺已慢慢退出历史舞台，依稀能见的，也就越发显得珍贵了。

麦秆编《挂件》　　　　　　　　　　　　棕编《龙》

竹编《竹响篮》　　　麦秆编《鸡》　　　麦秆编《羊》

棕编《双鹤》王文定　　　　　　　　棕编《青蛙》

学前教育专业系列教材·美术

棕编《蛇》   棕编《蚱蜢》

麦秆拼贴《江山多娇》浦江   麦秆拼贴《竹编麦秆剪贴装饰双耳瓶》浦江

浦江麦秆拼贴《锦上添花》（局部）浦江 蒋云花

绳结《吉庆有余》

编织机

绳结《子孙万代》　　　　绳结《三才结佛手形香包》　　　　绳结《平安吉庆》

凤翔彩塑《坐狮》

彩塑《老鼠嫁女》

无锡泥人《大阿福》

惠山泥人《大阿福》清代

彩塑《兔儿爷》

面塑《鹦鹉》

面塑《动物》

面塑《西游记》

提线木偶 季桂芳

提线木偶 平阳 清代

提线木偶 平阳 清代

提线木偶 平阳

布袋木偶 平阳　　　　　　　　　　　　　布袋木偶 平阳

挂饰《五毒螃蟹》　　　　　　　　　　　布艺《老鼠新娘》

《布公鸡》　　　　　　　　　　　　　　布堆画《喜庆有鱼》

布堆画《纺线线》

布堆画《耕地》

布堆画《石榴喜鹊》

布堆画《艾虎》

布堆画《双鹰对戏》

绣花鞋垫

刺绣《纺线》   刺绣《艾虎》

刺绣　湖南   刺绣

刺绣　苗族   挂饰

学前教育专业系列教材·美术

平金打子绣《富贵千秋》马面 江苏   玩具《花枪》

玩具《面猴》沈丘   玩具《小面马》沈丘

玩具《木棒人》河南   玩具《鸡》

木玩具《振翅鸟》

木玩具《打鼓车》

木玩具《鸟》

木玩具《马》

木玩具

泥玩具

兔子灯

布老虎

陶罐《猪》

布玩具　张啸吟

布玩具　张啸吟

布玩具　张啸吟

民间戏曲纸扎　湖南

香袋

蛋壳雕 　　　　　　　　　　蛋壳雕 　　　　　　　　　　竹雕

皮影 唐山 　　　　　　　　　　　　竹编

皮影《曹操发兵》陕西

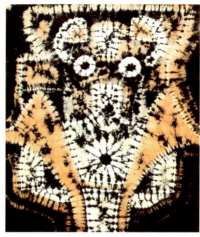

蜡染、扎染 孙世杰　　　　　　　　　糖画

蜡染《蓝印花布——福》　　　　　　　　　糖画

木雕 湖南

西瓜灯